Explorons les continents

L'Antarctique

Bobbie Kalman et Rebecca Sjonger

Traduction de Marie-Josée Brière

Explorons les continents

Catalogage avant publication de Bibliothèque et Archives nationales du Québec et Bibliothèque et Archives Canada

Kalman, Bobbie

    L'Antarctique

    (Explorons les continents)
    Traduction de : Explore Antarctica.
    Comprend un index.
    Pour enfants de 5 à 8 ans.

    ISBN 978-2-89579-456-1

    1. Antarctique - Géographie - Ouvrages pour la jeunesse. 2. Antarctique - Ouvrages pour la jeunesse. I. Sjonger, Rebecca. II. Titre.

G863.K2414 2012   j919.89   C2012-940234-6

Dépôt légal – Bibliothèque et Archives nationales du Québec, 2012
Bibliothèque et Archives Canada, 2012

Titre original : *Explore Antarctica* de Bobbie Kalman et Rebecca Sjonger (ISBN 978-0-7787-3085-9) © 2007 Crabtree Publishing Company, 616, Welland Ave., St. Catharines, Ontario, Canada L2M 5V6

Recherche de photos
Crystal Sikkens

Conception graphique
Katherine Berti

Conseillère
Emma J. Stewart, étudiante au doctorat et boursière Trudeau, Département de géographie, Université de Calgary

Illustrations
Barbara Bedell : pages 14, 18, 21 (krill et rorqual) et 30 ; Katherine Berti : pages 4 (carte), 5, 8 (en haut), 20 et 22 ; Robert MacGregor : page couverture (carte), quatrième de couverture (carte), pages 6, 7, 8 (en bas), 10, 15 (carte), 16 (carte), 19 (carte) et 26 (carte) ; Vanessa Parson-Robbs : pages 17, 25 (en bas) et 27 ; Bonna Rouse : pages 4 (étoile de mer), 16 (phoque et étoile de mer), 21 (phoque) et 25 (en haut) ; Margaret Amy Salter : page couverture (flocons de neige), pages 4 (manchot) et 12 (flocons de neige)

Photos
© Ann Hawthorne/Arcticphoto.com : pages 24-25 ; CanStockPhoto.com : page 9 ; Corbis : © Bettmann : page 22 ; © Graham Neden/Ecoscene : page 28 ; © Oleg Ivanov/Fotolia.com : page 14 (glace) ; Minden Pictures : Colin Monteath/Hedgehog House : page 27 ; Photo Researchers, Inc. : J.G. Paren : page 11 ; SeaPics.com : © Bryan et Cherry Alexander : page 30 ; © Ingrid Visser : page 23 ; © Emma J. Stewart : pages 26 et 31 (en haut) ; Image fournie par Michael Studinger, Observatoire terrestre Lamont-Doherty, Université Columbia : page 14 (inlandsis) ; Visuals Unlimited : Fritz Polking : pages 12-13 ; Autres images : Digital Vision et Eyewire

Direction : Andrée-Anne Gratton
Traduction : Marie-Josée Brière
Révision : Johanne Champagne
Mise en pages : Danielle Dugal

© Bayard Canada Livres inc. 2012

Nous reconnaissons l'aide financière du gouvernement du Canada par l'entremise du Fonds du livre du Canada (FLC)
pour des activités de développement de notre entreprise.

Conseil des Arts du Canada   **Canada Council for the Arts**

Bayard Canada Livres inc. remercie le Conseil des Arts du Canada du soutien accordé à son programme d'édition dans le cadre du Programme des subventions globales aux éditeurs.

Cet ouvrage a été publié avec le soutien de la SODEC. Gouvernement du Québec - Programme de crédit d'impôt pour l'édition de livres - Gestion SODEC.

Bayard Canada Livres inc.
4475, rue Frontenac
Montréal (Québec) Canada H2H 2S2
Téléphone : 514 844-2111 ou 1 866 844-2111
edition@bayardcanada.com
bayardlivres.ca

Imprimé au Canada

Table des matières

Océans et continents   4

Les points cardinaux   6

Bienvenue en Antarctique !   8

Le jour et la nuit   10

Un continent froid   12

Une glace épaisse   14

Les zones de terre   16

Très peu de plantes   18

Les animaux de l'Antarctique   20

L'exploration de l'Antarctique   22

Le Traité sur l'Antarctique   24

Les humains dans l'Antarctique   26

Le réchauffement climatique   28

Cartes postales d'Antarctique   30

Glossaire et index   32

Océans et continents

Notre planète se compose de zones de terre et de masses d'eau. Les plus grandes de ces masses d'eau s'appellent des « océans ». Il y a cinq océans, qui couvrent près des trois quarts de la surface de la Terre. Du plus grand au plus petit, ce sont l'océan Pacifique, l'océan Atlantique, l'océan Indien, l'océan Antarctique et l'océan Arctique.

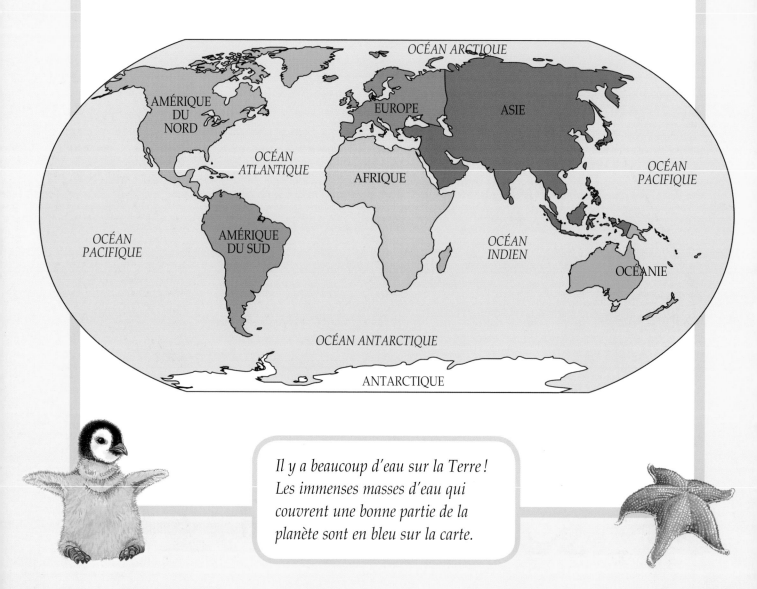

OCÉAN ARCTIQUE

AMÉRIQUE DU NORD

EUROPE

ASIE

OCÉAN ATLANTIQUE

AFRIQUE

OCÉAN PACIFIQUE

OCÉAN PACIFIQUE

AMÉRIQUE DU SUD

OCÉAN INDIEN

OCÉANIE

OCÉAN ANTARCTIQUE

ANTARCTIQUE

Il y a beaucoup d'eau sur la Terre ! Les immenses masses d'eau qui couvrent une bonne partie de la planète sont en bleu sur la carte.

Sept continents

Les continents sont de grandes étendues de terre. Il y en a sept sur la Terre. Du plus grand au plus petit, ce sont l'Asie, l'Afrique, l'Amérique du Nord, l'Amérique du Sud, l'Antarctique, l'Europe et l'Océanie.

En un clin d'œil

Deux des sept continents sont complètement entourés d'eau. Ce sont l'Antarctique et l'Océanie.

Les points cardinaux

Les quatre points cardinaux indiquent les directions sur la Terre. Ce sont le nord, le sud, l'est et l'ouest. Le point le plus au nord sur la Terre, c'est le pôle Nord. Et le point le plus au sud, c'est le pôle Sud. Dans les régions proches du pôle Nord et du pôle Sud, il fait froid toute l'année.

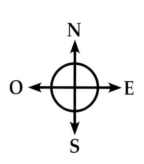

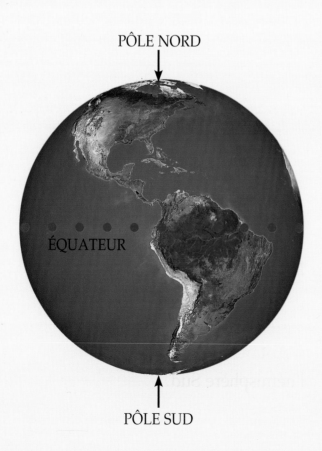

PÔLE NORD

ÉQUATEUR

ÉQUATEUR

PÔLE SUD

L'équateur

L'équateur est une ligne imaginaire qui fait le tour de la Terre et qui la divise en deux parties égales. Près de l'équateur, il fait chaud toute l'année.

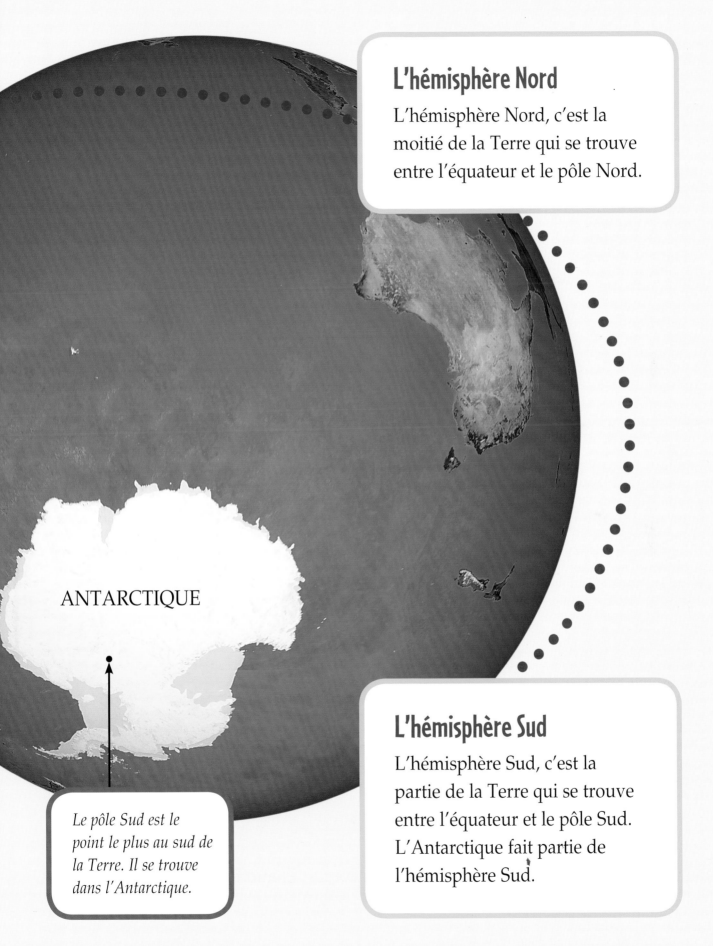

L'hémisphère Nord

L'hémisphère Nord, c'est la moitié de la Terre qui se trouve entre l'équateur et le pôle Nord.

ANTARCTIQUE

L'hémisphère Sud

L'hémisphère Sud, c'est la partie de la Terre qui se trouve entre l'équateur et le pôle Sud. L'Antarctique fait partie de l'hémisphère Sud.

Le pôle Sud est le point le plus au sud de la Terre. Il se trouve dans l'Antarctique.

Bienvenue en Antarctique !

L'Antarctique est le continent le plus au sud de la Terre. Il y fait presque toujours très froid. Le sol est couvert de glace et de neige. L'Antarctique est entouré d'un océan glacial appelé « océan Antarctique » ou « océan Austral ». Il y a aussi des mers autour de l'Antarctique. Une mer, c'est une petite partie d'un océan qui est presque entièrement entourée de terre.

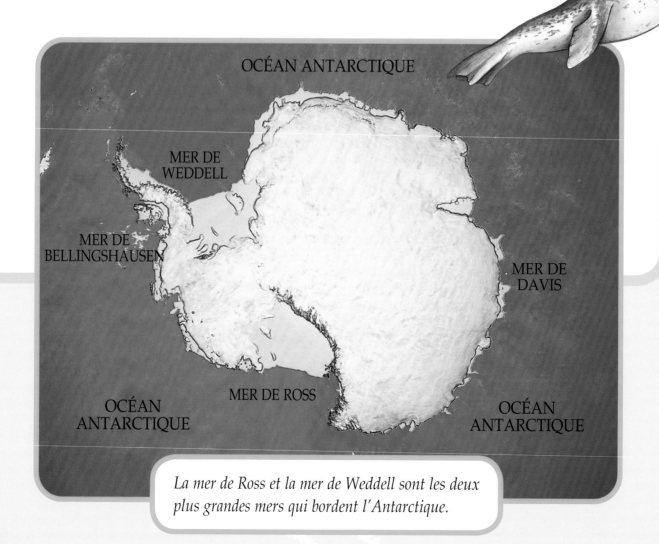

OCÉAN ANTARCTIQUE

MER DE WEDDELL

MER DE BELLINGSHAUSEN

MER DE DAVIS

MER DE ROSS

OCÉAN ANTARCTIQUE

OCÉAN ANTARCTIQUE

La mer de Ross et la mer de Weddell sont les deux plus grandes mers qui bordent l'Antarctique.

Aucun pays

L'Antarctique est le seul continent qui n'est pas divisé en pays. Un pays, c'est un territoire séparé des autres pays par des limites nommées « frontières ». Chaque pays est dirigé par un groupe de personnes qu'on appelle un « gouvernement ». En Antarctique, il n'y a pas de gouvernement. Ce sont les gouvernements de différents pays situés sur d'autres continents qui prennent les décisions concernant l'Antarctique (va voir aux pages 24 et 25).

Le jour et la nuit

La Terre tourne autour du Soleil. Il lui faut une année pour faire un tour complet. Comme la Terre est toujours inclinée de la même manière, l'hémisphère Sud est tourné vers le Soleil pendant une partie de l'année. Le reste du temps, au contraire, l'hémisphère Sud se trouve du côté opposé au Soleil.

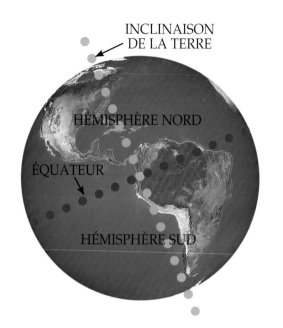

INCLINAISON DE LA TERRE

HÉMISPHÈRE NORD

ÉQUATEUR

HÉMISPHÈRE SUD

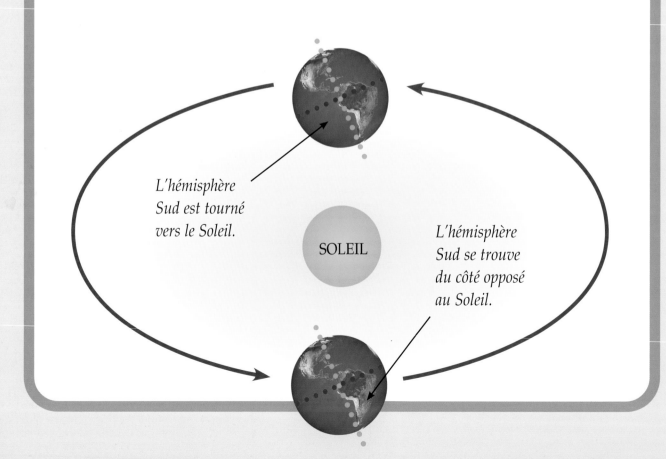

L'hémisphère Sud est tourné vers le Soleil.

SOLEIL

L'hémisphère Sud se trouve du côté opposé au Soleil.

Jour ou nuit ?

Quand l'hémisphère Sud est tourné vers le Soleil, l'Antarctique reçoit beaucoup de lumière. Pendant six mois, il fait clair jour et nuit! Mais, quand l'hémisphère Sud se trouve du côté opposé au Soleil, l'Antarctique reçoit très peu de lumière. Il fait noir tout le temps pendant six mois.

Cette photo montre un paysage de l'Antarctique pendant la période où l'hémisphère Sud est tourné vers le Soleil. Il fait clair, même si c'est la nuit !

Un continent froid

Le climat, c'est l'ensemble des conditions météorologiques habituelles dans un endroit donné. Le vent, les **précipitations** et la température sont des éléments du climat. En Antarctique, il fait froid toute l'année parce que le continent est très loin de l'équateur. Il y a deux saisons principales en Antarctique : un hiver très long et un été très court.

Un climat sec et venteux

Le climat de l'Antarctique est très sec. Sur la majeure partie du continent, il neige un peu chaque année, mais il ne pleut presque jamais. Toute l'année, des vents glaciaux soufflent sur l'Antarctique. Ces vents projettent de la neige dans les airs. C'est ce qui crée des tempêtes appelées « **blizzards** ».

Les manchots ont des plumes épaisses qui les gardent au chaud pendant les blizzards.

Une glace épaisse

L'Antarctique est presque entièrement couvert d'une couche de glace très épaisse. C'est le glacier continental, aussi appelé «inlandsis». À la plupart des endroits, l'inlandsis a plus d'un kilomètre d'épaisseur!

En un clin d'œil

Il y aurait assez de glace dans l'inlandsis pour faire plus d'un million de millions de milliards de glaçons!

Les plateformes glaciaires

À certains endroits, la surface de l'océan Antarctique gèle et forme d'immenses plaques de glace qui flottent sur l'eau. C'est ce qu'on appelle la banquise. Il arrive parfois que cette glace gèle au bord des côtes de l'Antarctique. Les côtes, ce sont les parties d'un continent qui touchent à un océan ou à une mer. Les plaques de glace flottantes qui sont rattachées à la terre s'appellent des « plateformes glaciaires ».

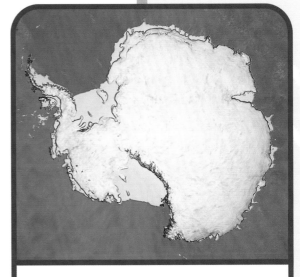

Les zones indiquées en bleu pâle sur la carte correspondent aux plateformes glaciaires qui se trouvent le long des côtes de l'Antarctique.

plateformes glaciaires

La barrière de Ross est située dans la mer de Ross, près des côtes de l'Antarctique. C'est la plus grande plateforme glaciaire au monde.

Les zones de terre

En Antarctique, il y a beaucoup de montagnes. Ce sont de fortes élévations de terrain dont les pentes sont raides. Les montagnes sont un des éléments du relief. Le relief, c'est la forme du terrain.

Des montagnes au milieu

La chaîne Transantarctique forme une immense ligne de montagnes au milieu de l'Antarctique. Cette chaine de montagnes divise le continent en deux moitiés : la moitié orientale, à l'est, et la moitié occidentale, à l'ouest.

chaîne Transantarctique

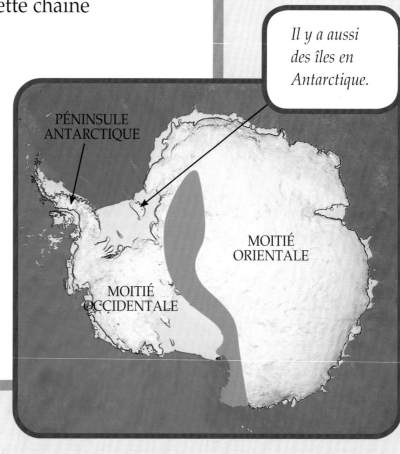

Il y a aussi des îles en Antarctique.

PÉNINSULE ANTARCTIQUE

MOITIÉ ORIENTALE

MOITIÉ OCCIDENTALE

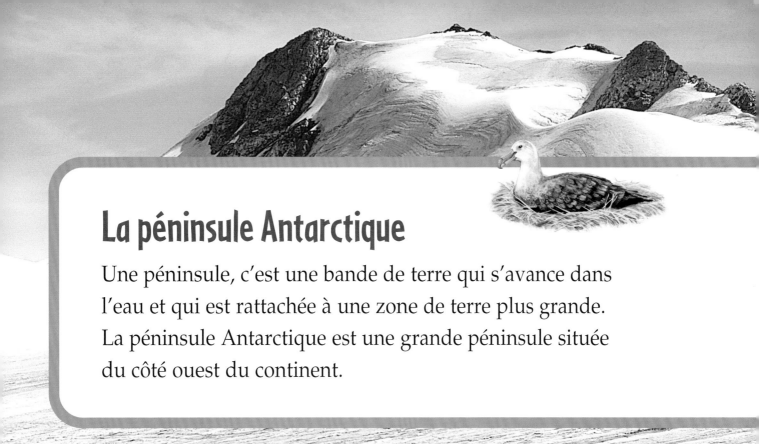

La péninsule Antarctique

Une péninsule, c'est une bande de terre qui s'avance dans l'eau et qui est rattachée à une zone de terre plus grande. La péninsule Antarctique est une grande péninsule située du côté ouest du continent.

Plusieurs espèces de manchots, de phoques et d'otaries passent une partie de l'année dans la péninsule Antarctique.

Très peu de plantes

Pour pouvoir pousser, la plupart des plantes ont besoin de lumière et d'eau. Mais, en Antarctique, il fait noir la moitié de l'année et il ne pleut presque pas! Il y a donc très peu de plantes qui poussent sur ce continent. On y retrouve uniquement des lichens, des mousses et des algues. Ces plantes poussent le long des côtes, seulement en été quand une partie de la glace fond.

En un clin d'œil

L'Antarctique est le seul continent où on ne trouve pas d'arbres!

Le vent souffle souvent très fort en Antarctique. Les plantes de ce continent poussent donc près du sol pour ne pas être emportées par le vent.

Les zones indiquées en vert sur la carte montrent où poussent la majorité des plantes de l'Antarctique pendant l'été.

Les plantes de la péninsule

La plupart des plantes de l'Antarctique poussent dans la péninsule Antarctique. En été, il y fait plus chaud que sur le reste du continent. C'est parce que la péninsule est située un peu plus près de l'équateur que les autres régions de l'Antarctique.

Les plantes qu'on voit sur cette photo poussent dans la péninsule Antarctique.

Les animaux de l'Antarctique

En Antarctique, il y a très peu d'animaux capables de vivre sur la terre ferme. Le climat est trop froid, trop sec et trop venteux pour la plupart des espèces. Les insectes sont les seuls animaux qui vivent toute l'année sur le continent. Certains **oiseaux de mer** y passent cependant une partie de l'année.

Les manchots empereurs sont des oiseaux de mer. Ils vivent dans l'océan Antarctique. Ils vont toutefois sur la terre ferme pour donner naissance à leurs petits.

Les animaux de l'océan

Beaucoup d'animaux vivent dans l'océan Antarctique. On y trouve en particulier des millions de crevettes minuscules qu'on appelle du « krill ». C'est ce que mangent la plupart des autres animaux de l'océan Antarctique, par exemple les phoques de Weddell, les phoques crabiers et les rorquals à bosse.

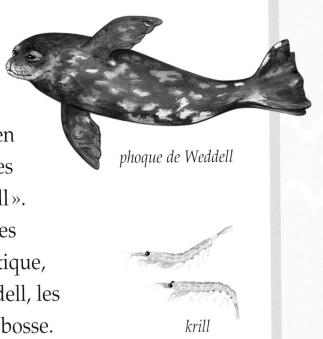

phoque de Weddell

krill

En déplacement

En hiver, l'eau de l'océan Antarctique est trop froide pour la plupart des animaux. Certains animaux vivent toutefois dans cet océan pendant l'été. Avant que l'hiver arrive, ils remontent vers le nord. Ils se rendent dans l'océan Pacifique ou dans l'océan Atlantique, où l'eau est beaucoup plus chaude.

Les rorquals à bosse vivent dans l'océan Antarctique pendant l'été seulement.

L'exploration de l'Antarctique

Ce sont des chasseurs qui ont découvert l'Antarctique, il y a environ 200 ans. Des explorateurs venus de nombreux pays ont suivi un peu plus tard. Les explorateurs sont des gens qui voyagent pour découvrir des endroits nouveaux. Beaucoup de ces explorateurs voulaient être les premiers à atteindre le pôle Sud.

Le 14 décembre 1911, l'explorateur norvégien Roald Amundsen et son équipe ont été les premiers à atteindre le pôle Sud. Sur cette photo, Roald Amundsen est celui qui tient l'appareil photo.

Trop de chasse !

Les chasseurs qui ont découvert l'Antarctique étaient à la recherche d'otaries à fourrure. Ces animaux étaient considérés comme des ressources naturelles. Les ressources naturelles sont des choses que les gens trouvent dans la nature et qu'ils vendent pour faire de l'argent. La fourrure des otaries servait à fabriquer des vêtements, qui étaient ensuite vendus. En quelques années seulement, les chasseurs ont tué près d'un million d'otaries à fourrure en Antarctique ! Ils ont aussi tué des milliers d'autres animaux dans l'océan Antarctique. Heureusement, certaines personnes ont fini par se rendre compte qu'il fallait protéger les animaux de l'Antarctique. Autrement, ils risquaient d'être tous tués.

On voit ici des otaries à fourrure. Autrefois, ces animaux étaient chassés dans l'Antarctique.

Le Traité sur l'Antarctique

Le **Traité sur l'Antarctique** a été signé par 12 pays en 1959. Un traité, c'est un accord conclu entre au moins deux pays. Les pays qui ont signé le Traité sur l'Antarctique se sont entendus pour établir des règles visant à protéger le territoire et les animaux de ce continent. Par exemple, une de ces règles interdit de faire la guerre en Antarctique. Le continent en entier est protégé, pour que les scientifiques puissent y faire de la recherche. Ces scientifiques étudient le territoire et les animaux de l'Antarctique pour en apprendre davantage sur eux.

Les drapeaux des 12 premiers pays qui ont signé le Traité sur l'Antarctique flottent encore au pôle Sud.

Le traité aujourd'hui

À ce jour, 45 pays ont signé le Traité sur l'Antarctique, par exemple les États-Unis, le Canada, la Russie, le Royaume-Uni et la Norvège. Ces 45 pays veillent à ce que tous les pays du monde respectent les règles établies dans le traité.

Les otaries à fourrure sont maintenant protégées par le Traité sur l'Antarctique.

La protection des ressources

Le Traité sur l'Antarctique contient des règles qui visent à protéger les ressources naturelles du continent. Par exemple, les gens n'ont plus le droit de chasser des animaux en Antarctique. Ils ne peuvent pas non plus creuser dans le sol pour en extraire de l'or ou d'autres ressources naturelles. En creusant ainsi, les gens pourraient détruire des endroits où les animaux vivent.

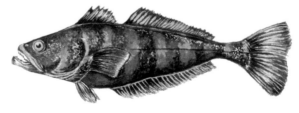

La légine australe est un poisson qui vit dans les eaux entourant l'Antarctique. Beaucoup de gens la pêchaient autrefois. Aujourd'hui, elle est protégée par le Traité sur l'Antarctique.

Les humains dans l'Antarctique

Chaque été, environ 4 000 personnes vivent et travaillent en Antarctique. Mais à peu près 1 000 seulement restent pendant l'hiver. La plupart de ces gens sont des scientifiques. Ils font de la recherche. Ils vivent en groupe dans des centres appelés « **stations de recherche** ». On trouve 58 stations de recherche dans différentes régions de l'Antarctique. Mais certaines de ces stations sont maintenant abandonnées.

Sanae III
(Afrique du Sud)

Syowa (Japon)

New Halley
(Royaume-Uni)

Mawson
(Australie)

Amundsen-Scott
(États-Unis)

Vostok
(Russie)

Base Scott
(Nouvelle-Zélande)

Dumont
d'Urville
(France)

On voit sur cette carte plusieurs des stations de recherche de l'Antarctique. Le nom du pays à qui appartient chaque station est indiqué entre parenthèses après le nom de la station.

Cette station de recherche est appelée « base Scott ». Elle appartient à la Nouvelle-Zélande.

Les touristes en Antarctique

Environ 30 000 touristes visitent l'Antarctique chaque année. Les touristes sont des gens qui voyagent pour s'amuser. Souvent, les touristes qui se rendent en Antarctique veulent aussi apprendre des choses sur ce continent. Ils visitent l'Antarctique en compagnie de **guides**. Les guides s'assurent que les touristes ne feront pas de mal aux animaux et n'endommageront pas le territoire.

Ces touristes sont venus en Antarctique pour observer les animaux comme ce rorqual à bosse. Ils visitent aussi les camps de certains explorateurs célèbres.

Le réchauffement climatique

Beaucoup de scientifiques se rendent en Antarctique pour étudier le réchauffement climatique. Ils s'intéressent à la hausse des températures de la Terre et de ses océans. L'utilisation de **combustibles** pour faire rouler les autos, chauffer les maisons et faire fonctionner les usines est une des causes de ce réchauffement.

*Ce scientifique s'apprête à lâcher un **ballon sonde météorologique**. Les scientifiques se servent de ballons de ce genre pour savoir si le climat s'est réchauffé dans certaines régions de l'Antarctique.*

Les risques d'inondations

À cause du réchauffement climatique, la glace de l'Antarctique commence à fondre. Si cette glace fond trop, il y aura beaucoup plus d'eau dans les océans. Les côtes de tous les continents risquent donc d'être inondées.

Chacun sa part !

Tu peux contribuer toi aussi à ralentir le réchauffement climatique et à aider l'Antarctique. Tu peux par exemple te déplacer à bicyclette plutôt qu'en auto. Tu peux aussi éteindre les lumières et les ordinateurs quand tu ne t'en sers pas. Si chacun fait sa part, il y aura moins de combustibles nuisibles qui seront utilisés.

Avec le réchauffement de l'Antarctique, de grandes plaques se détachent des plateformes glaciaires et glissent dans l'océan.

Cartes postales de l'Antarctique

L'Antarctique est un des endroits les plus extraordinaires de la Terre ! Chaque année, des milliers de touristes vont visiter ce continent glacé. Voici quelques-unes des choses qu'ils peuvent y voir.

Les vallées sèches de l'Antarctique sont situées entre les montagnes de la chaîne Transantarctique. Elles ressemblent beaucoup à la planète Mars ! Les scientifiques étudient donc ces vallées pour en savoir plus long sur Mars. Beaucoup de touristes vont aussi les voir.

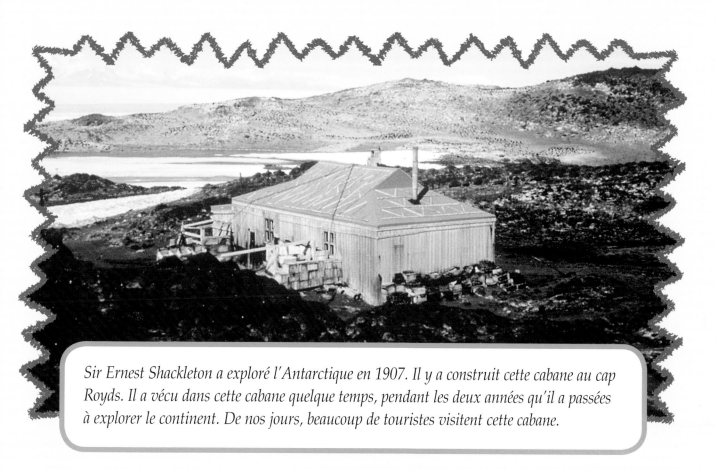

Sir Ernest Shackleton a exploré l'Antarctique en 1907. Il y a construit cette cabane au cap Royds. Il a vécu dans cette cabane quelque temps, pendant les deux années qu'il a passées à explorer le continent. De nos jours, beaucoup de touristes visitent cette cabane.

Les icebergs sont d'énormes morceaux de glace qui flottent dans l'océan Antarctique, tout autour du continent. Les manchots, les phoques et les otaries vont se reposer sur les icebergs.

Glossaire

ballon sonde météorologique Ballon que des scientifiques envoient dans les airs pour recueillir de l'information sur la température et les vents dans une région donnée

blizzard Tempête pendant laquelle des vents violents et très froids soulèvent la neige dans les airs, ce qui empêche de voir au loin

combustible Matière, comme le pétrole ou le charbon, qu'on fait brûler pour produire de l'énergie

guide Personne qui accompagne des touristes pendant des voyages loin de chez eux

île Étendue de terre entourée d'eau

inlandsis Plaque de glace très épaisse qui couvre la majeure partie de l'Antarctique

oiseau de mer Oiseau qui passe la majeure partie de son temps dans les océans ou tout près

précipitations Chutes de pluie ou de neige

station de recherche Ensemble de bâtiments dans lequel des gens vivent et font de la recherche

Traité sur l'Antarctique Accord qui a été signé par de nombreux pays et qui prévoit que l'Antarctique doit rester un endroit pacifique consacré à la recherche scientifique

Index

animaux 20-21, 23, 24, 25, 27
chaîne Transantarctique 16, 30
chasseurs 22, 23
climat 12, 20, 28
continents 4-5, 9, 29
équateur 6, 7, 10, 12, 19
explorateurs 22, 27
glace 8, 14-15, 18, 29, 31
hémisphère Sud 7, 10, 11
océan Antarctique 4, 8, 15, 20, 21, 23, 31
océans 4, 28, 29
péninsule Antarctique 16, 17, 19
plantes 18-19
points cardinaux 6
pôle Sud 6, 7, 22, 24
réchauffement climatique 28-29
recherche 24, 26
ressources naturelles 23, 25
scientifiques 24, 26, 28, 30
touristes 27, 30, 31
Traité sur l'Antarctique 24-25